KOMPASS

Die KOMPASS-Wanderkar[te ...] **Tharandter Wald**", hat de[n ...] zu bieten. Sie umfaßt einen [... Sächsischen Weinstraße,] des kleinsten und östlichsten Anbaugebiets Deutschlands. Das Zentrum **Meißen** wurde weltbekannt durch die Gekreuzten Blauen Schwerter, das Siegel seiner Porzellanmanufaktur, der ältesten Europas. Die kunstvolle und hochwertige Verarbeitung des „Weißen Goldes" machte seinen Besitz zu einem Muß an allen Königshöfen, und auch heute zählt das Meißener Porzellan zu den begehrtesten Sammelobjekten. Aber auch als 1000jährige Stadt an der Elbe im Schutze des mächtigen Dreiergespanns, der Albrechts-, Bischofsburg und des Domes, hat Meißen viel Sehenswertes vorzuweisen. **Freiberg** im Erzgebirge schrieb gar ein eigenes Kapitel Bergbaugeschichte. Es ist die älteste Bergbaustadt Sachsens; 1765 wurde hier die erste Bergakademie der Welt und damit die erste Technische Universität überhaupt gegründet. Unmengen des begehrten Silbers wurden im Verlaufe von 800 Jahren dem Erzgebirge abgerungen. Das hinterließ Spuren, die dem Wanderer noch heute auf Schritt und Tritt begegnen. Der **Tharandter Wald** als Naturschutzgebiet mit wunderschönem Baumbestand, reicher Tierwelt und vielen geologischen Attraktionen lädt zu herrlichen Spaziergängen ein.

Das Kartenblatt zeigt einen Teil der Nordabdachung des unteren **Osterzgebirges** und des nördlich daran anschließenden **Mittelsächsischen Hügellandes**. Da das Erzgebirge hier ganz allmählich aus seinem Vorland aufsteigt, läßt sich nur an wenigen Stellen eine morphologische Grenze zwischen den beiden Landschaftseinheiten ziehen. Sie verläuft etwa von Siebenlehn im Westen über Mohorn am Nordrand des **Tharandter Waldes** entlang und schwenkt dort, durch eine geologische Störung bedingt, nach Südosten um. Im Osten schließen sich an die obengenannten Landschaften der **Dresdner Elbtalkessel** (zwischen Neusörnewitz, Niederau und Radebeul-Naundorf) und das **Döhlener Becken** (südöstlich von Wilsdruff) an.

Geologie

Wie das benachbarte Dresden liegt Meißen in der Elbtalzone zwischen dem Erzgebirge im Süden und der Lausitz im Norden. Die Nordwest – Südost orientierte Nahtzone des Elbtalschiefergebirges zeichnet sich als Störungszone gewaltigen Ausmaßes ab und findet ostwärts im Elbetalgraben ihre Fortsetzung. Diese die Erdkruste durchschlagende Struktur läßt sich von der Tschechischen Republik bis an die Nordsee verfolgen.

Die Gneisfelsen im Tal der Wilden Weißeritz bei Tharandt und im östlich anschließenden Rabenauer Grund zeigen, daß dieses Gebiet geologisch zum **Erzgebirge** gehört. Die präkambrischen und paläozoischen Ausläufer des Kristallinareales nördlich der Elbe gehören zum Gebirgszug der **Lausitz**, der gegen Norden unter die tertiären und quartären Ablagerungen der deutsch-polnischen Senke untertaucht. Wie das Erzgebirge wurde auch die Lausitz im Lauf ihrer geologischen Geschichte zu einem Rumpfgebirge eingeebnet. Die Landschaftsformen der Kristallingebiete zeigen morphologisch gerundete, bewaldete Kuppen. Die Elbe bahnt sich ihren Weg entlang der übergeordneten NW-SO orientierten Störungs- und Senkungszone.

Die **interessante Entstehungsgeschichte des Elbtales**, beginnt mit einem weitläufigen Senkungstrog zwischen Erzgebirge und Lausitz, der vom Präkambrium bis in das Unterkarbon (vor 330 Mio. Jahren) mit Ablagerungen aus dem Umland aufgefüllt wurde. Im Zuge der variszischen Gebirgsbildung im Oberkarbon vor 330 – 286 Mio. Jahren wurde der Ablagerungsraum zusammengeschoben. Damit wurden zwei Platten der Erdkruste aneinandergeschweißt, die Gesteine gefaltet, geschiefert und zerbrochen. Ältere Sedimente, Tiefengesteine und Vulkanite wurden durch den Druck und erhöhte Temperatur bei der Versenkung umgewandelt, d. h. metamorph. Nach den Hauptgesteinen wird die heute hauptsächlich an den Rändern des Elbtales freigelegte Zone als **Elbtalschiefergebirge** bezeichnet.

Entlang von Schwächezonen drangen Granitmagmen in die Kruste ein und erstarrten zu einem ausgedehnten Tiefengesteinskörper. So entstand der Meißener Syenitpluton. Der ovale Tiefengesteinskörper zeigt von außen nach innen eine Zonierung nach dem Chemismus. Die Zonierung geht mit der chemischen Differenzierung des Magmas und dem Fortschritt der Abkühlung unter einer seicht anzunehmenden Überdeckung einher. Die Randzonen bestehen aus Syenodiorit (Dresden – Plauen, Triebischtal), es folgen Hornblendegranit und Biotitgranit wie im Elbtal bei Meißen und schließlich der quarzreiche Riesensteingranit im Zentrum des Plutons. Es kristallisierten also von außen nach innen immmer kieselsäurereichere (SiO_2) Mineral- und damit Gesteinstypen aus. Der rote **Riesensteingranit**, ein berühmter Dekorstein, wird am Stadtrand von Meißen, bei Zscheila gebrochen. Die Elbe hat sich mit steilen Flanken in die magmatischen Gesteine des Meißener Plutons eingeschnitten. Am Talrand wurden zahlreiche Steinbrüche und Weinbergterrassen angelegt.

Im Saubachtal oberhalb von Constappel

Im Oberkarbon wurde der Pluton durch die Abtragung freigelegt. Wenig später, im Unterperm, senkte sich im Bereich des heutigen Freital ein NW-SO gestrecktes Becken mit einer Länge von ca. 20 km und einer Tiefe bis 600 m ein. Diese Senke nahm den Abtragungsschutt des umliegenden variszischen Gebirges auf. Zu dieser Zeit herrschte ein wüstenähnliches Klima, so daß der Schutt in Form von roten Konglomeraten, Sandsteinen und Schiefertonen abgelagert wurde. Diese Formationen werden als Rotliegend bezeichnet. Intensive vulkanische Tätigkeit förderte Lavamassen und Aschen, die sich von den Schloten ausgehend deckenartig ausbreiteten.

Vorkommen dieser vulkanischen Gesteine sind auch in der unmittelbaren Umgebung von **Meißen** anzutreffen. Ihnen verdankt die Stadt die Existenz der berühmten Porzellanmanufaktur. Durch tiefgründige Verwitterung in der Kreide und im Tertiär wurden die Laven des Unterperm zu **Kaolin** umgewandelt, das der Grundstoff der Porzellanherstellung ist. Kaolinlagerstätten liegen bei Garsebach, Dobritz und Zehren. Der berühmteste Abbau befindet sich bei Seilitz, wo hochwertige Rohstoffe abgebaut werden.

Ebenfalls aus der Zeit des Perm stammen die härteren, verwitterungsresistenten vulkanischen Gesteine wie die **Quarzporphyre** des **Tharandter Waldes**. Ein berühmter Aufschluß bei **Mohorn** zeigt das fächerförmige Abkühlungsgefüge, mit Absonderungssäulen und Platten nahe einer Austrittsstelle der Quarzporphyrlava.

Die Hebung des Gebirges und die damit verbundene Abtragung der Gesteine ab dem Perm ließ ein Rumpfgebirge entstehen, das vor allem in der Kreide, vor ca. 135 Mio. Jahren, wieder von Krustenbewegungen erfaßt wurde. Die alte Nahtstelle wurde reaktiviert. Dies führte zu einer buchtartigen Einsenkung zwischen Erzgebirge und der Lausitz, die vom Meer überflutet wurde. In diesem heute 35 km langen und bis 17 km breiten Streifen östlich von Meißen wurde der Quadersandstein abgelagert, ein ebengeschichteter grobgebankter Sandstein, der Mächtigkeiten bis 400 m erreicht. Er besteht aus dem Abtragungsschutt der kristallinen Umrahmung. Gegen Westen, von Dresden bis Meißen kamen ab der oberen Kreide die Plänermergel zur Ablagerung. Der Meißener Tiefengesteinskörper taucht gegen Osten und Nordosten im Untergrund von Dresden ab.

Im Oberlauf der Elbe, südöstlich von Pirna liegt die weltberühmte Felsenlandschaft des **Elbsandsteingebirges**, dessen Kreidesandsteine die sächsische und weiter südlich die böhmische Schweiz aufbauen. Die regelmäßige Klüftung macht den Quadersandstein mit seiner meist goldgelben Farbe zu einem gut bearbeitbaren, beliebten Bau- und Dekorstein. Aus dieser Gegend stammt der Baustein des gotischen Meißener Dom und zahlreicher Barockbauten in Dresden .

Ab der oberen Kreide verursachten südgerichtete Krustenbewegungen den einseitigen Zuschub der Elbsandsteinmulde entlang der Lausitzer Überschiebung. Entlang dieser tektonischen Sutur haben die paläozoischen Lausitzer Granite die Serien des Elbtalschiefergebirges und weiter gegen Osten die Kreidegesteine der Elbtalzone bis zu mehreren 100 m weit überfahren. Präzisionsnivellements haben nachgewiesen, daß sich der Elbtalgraben pro Jahr 0,2 mm tief einsenkt. Das erscheint auf den ersten Blick nicht viel, ergibt aber in geologischen Zeiträumen beachtliche Beträge, so z. B. 20 m in 100 000 Jahren. Die Rekonstruktion der geologischen Geschichte zeigt, daß die Elbtalzone seit mehr als 500 Millionen Jahren bis heute mobil ist.

Gewässer
Die **Hauptflüsse** des Wandergebietes sind die Elbe, die Freiberger Mulde, die Bobritzsch, die Wilde Weißeritz und die Triebisch. Sie folgen konsequent der Abdachung der Landschaft nach Norden und führen ihr Wasser allesamt der Nordsee zu.
Die **Elbe** hat sich, aus der weiten Dresdner Elbtalweitung kommend, zwischen Meißen und Merschwitz (nördlich Diesbar-Seußlitz) ein enges Durchbruchstal durch das Meißner Syenit-Granit-Massiv geschaffen. Aber auch all die anderen, aus dem

Politische Übersichtsskizze

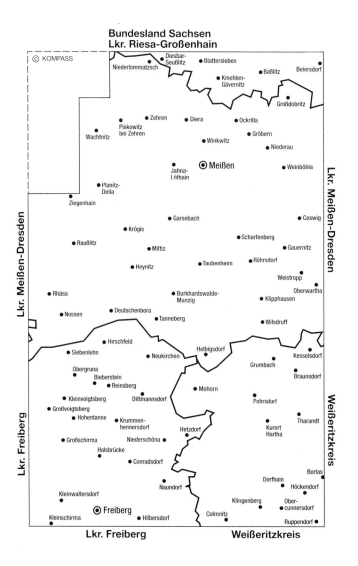

Erzgebirge kommenden Flüsse, fließen in engen **Kerbsohlentälern** dahin. Die unregelmäßige Verteilung der Niederschläge übers Jahr wirkt sich auf den Abfluß der Bäche und Flüsse aus. Während der Schneeschmelze im Erzgebirge im Frühjahr haben selbst kleine Bäche oft schon schwere Schäden verursacht. Aus diesem Grunde wurden in ihrem Oberlauf teilweise Talsperren angelegt, die neben dem Hochwasserschutz auch der Energiegewinnung dienen (z. B. **Talsperre Klingenberg**). Bei Oberwartha wurde das Wasser des Lotzebaches in der **Silbertalsperre (Oberes Staubecken)** aufgestaut, um das Gefälle zwischen der Hochfläche des Meißner Syenit-Granit-Massives und dem Elbtal zum Betrieb eines Pumpspeicherwerkes zu nutzen. Das im Unteren Staubecken aufgefangene Wasser kann während der Nachtstunden, wenn der Strombedarf gering ist, wieder ins obere Becken zurückgepumpt werden, um dann am nächsten Morgen noch einmal zur Stromgewinnung zu dienen. Ansonsten ist das Gebiet recht arm an stehenden Gewässern. An vielen Stellen beleben jedoch kleine Weiher oder Fischteiche die Landschaft.

Klima
Das Wandergebiet gehört klimatisch zur Übergangszone zwischen dem gemäßigtkühlen, subatlantischen Klima des Westens und dem winterkalten und sommerwarmen kontinentalen Klima des Ostens Europas. Die **Temperaturen** nehmen mit zunehmender Höhe ab; die durchschnittliche Jahresmitteltemperatur beträgt etwa 8° C. Die **Niederschläge** hingegen steigen von 570 mm am Nordrand des Mittelsächsischen Hügellandes auf über 800 mm im unteren Osterzgebirge an. Viel deutlicher als diese Mittelwerte treten jedoch **lokalklimatische Erscheinungen** in der Landschaft zutage. So erlaubt beispielsweise das milde Klima des Dresdner Elbtalkessels an den Südhängen zwischen Radebeul und Diesbar-Seußlitz den Weinbau, während viele Hohlformen und Bachtäler im Erzgebirge wahre Frostlöcher sind.

Vegetation
Die Verbreitung und Zusammensetzung der Pflanzenwelt ist in starkem Maße vom Grundgestein, dem Klima und den Geländeformen abhängig. Während die über Gneis liegenden Hochflächen des Osterzgebirges und das Mittelsächsische Hügelland fast vollständig gerodet und in Ackerland verwandelt worden sindl, konnten sich auf den weniger wertvollen Böden über dem Sandstein (Tharandter Wald) bzw. dem Granodiorit (Friedewald) und an den Steilhängen der Täler **Wälder** erhalten. Hauptforstbaum ist die Föhre, daneben gibt es aber auch noch

Tannen-Buchen-Wälder und, besonders in den linkselbischen Tälern, artenreiche Laubmischwälder. Wärme- und trockenheitsliebende Pflanzen bestimmen das Bild des Elbtales. Neben natürlichen Arten finden sich hier vor allem Obst- und Weingärten in größerer Zahl.

Tierwelt
Bei Spaziergängen trifft der Wanderer am häufigsten auf **Rehe** und **Hasen**, die in der vorwiegend offenen Landschaft gute Lebensbedinungen finden. **Hirsche** dagegen kommen nur in größeren, zusammenhängenden Waldgebieten vor. Eine artenreiche **Vogelwelt** wird durch Tannenhäher, Kleiber, Specht, Star und Waldohreule bestimmt. Über den Feldern kreisen oft Turmfalken oder Bussarde auf der Suche nach Beute. Die Grasmücke sucht ihren Unterschlupf in Hecken und auf Steinrücken. Im Bereich der Talsperren halten sich Enten, an der Elbe auch Möwen auf. Von den **Kriechtieren** seien hier nur Ringelnatter, Kreuzotter und Waldeidechse erwähnt. Neben anderen Tierarten fällt dem wachsamen Beobachter besonders die die bunte Vielfalt der Insekten auf.

Geschichte
Das Mittelsächsische Hügelland war bereits in vorgeschichtlicher Zeit dicht besiedelt, wovon die Wallanlagen auf den Bergen und Talvorsprüngen (z. B. Göhrisch) sowie Bodenfunde der **Stein- und Bronzezeit** zeugen. Seit dem 4. Jh. v. Chr. drangen **germanische Stämme** (Hermunduren) von Nordwesten her in das Land ein. Nach der **Völkerwanderung** ließen sich im 6. Jh. kleinere **slawische Volksgruppen** im Elbegebiet nieder. Viele Orts- und Flurnamen weisen noch heute auf slawischen Ursprung hin. Die Slawen beschäftigten sich mit Ackerbau und Viehzucht sowie Fischfang und Bienenhaltung. Nach der Gründung des **frühfeudalen deutschen Staates** (919) wurden aus Thüringen und dem Frankenreiche Eroberungsfeldzüge gegen die Slawen unternommen. Nach ihrer Unterwerfung und der Gründung der Burg Meißen (929) wurden deutsche Bauern hier angesiedelt, die das Land bewirtschafteten und auch in den bis dahin menschenleeren, das ganze Erzgebirge bedeckenden *Miriquidi* (= Dunkelwald) vordrangen **(mittelalterliche Rodungsperiode).** Kaiser Otto I. setzte wenig später einen Markgrafen ein, der die seit 1046 so genannte **Mark Meißen** verwaltete. 1089 wurde erstmals ein Wettiner Markgraf von Meißen; dieses Herrscherhaus sollte Sachsen bis 1918 regieren. Schicksalshaft für Meißen wurde die gemeinsame Regentschaft der Fürstenbrüder Albrecht und Ernst. 1471 begannen diese mit der Errichtung ihrer Residenz,

der Albrechtsburg. Noch während des Baus zerstritten sie sich; das Land wurde 1485 aufgeteilt. Die ernestinische Linie der Wettiner herrschte von da an im Thüringer Land; Sachsen mit der Mark Meißen kam zur albertinischen Linie. Das neuerbaute Meißner Schloß wurde bald verlassen – Dresden zur Residenz. Durch Tuchmacherei und Weinbau gelangt die Stadt im 16. Jh. trotzdem zu wirtschaftlicher Blüte. Von der Zerstörung im Dreißigjährigen Krieg sollte sie sich allerdings lange nicht erholen. Als August der Starke die **Porzellanherstellung 1710** in die Albrechtsburg verlagerte, begründete er damit ein neues Kapitel Meißener Geschichte und einen bis heute gut florierenden Wirtschaftszweig.

Bereits im 12. Jh. setzt daneben eine rege **Bergbautätigkeit** auf Silber und Zinn ein, die zur Gründung mehrerer Bergstädte (u. a. Freiberg/Sachsen) führte. Während der mittelalterlichen Agrarkrise im 14. Jh. wanderten viele Landbewohner in die Städte ab, so daß neben einzelnen Bauernstellen ganze Dörfer verlassen wurden (z. B. Warnsdorf im Tharandter Wald, Droschkewitz bei Weinböhla). Große Veränderungen brachte schließlich auch das 19. Jahrhundert. Trotz des Niederganges des Zinn- und Silberbergbaues kam es durch die beginnende Industrialisierung zu einer Verdichtung der Bevölkerung im Erzgebirge. Durch den Bau von Eisenbahnlinien war nicht nur ein rascher Transport von Rohstoffen und Waren möglich, auch die in der Landwirtschaft nicht mehr benötigten Arbeitskräfte konnten jetzt zu den sich entwickelnden Fabriken gebracht werden.

Verkehr
Eisenbahn: Das Wandergebiet wird im Süden durch die **Albertbahn** (Dresden – Tharandt – Freiberg/Sachsen – Werdau), im Norden durch die Strecke Borsdorf/Sachs – Nossen – Coswig/Bez. Dresden erschlossen. Wichtig sind ferner die beiden Hauptstrecken der **Leipzig-Dresdner-Eisenbahn** und der Linie Dresden – Elsterwerda über Niederwartha am östlichen Kartenrand.

Aus Richtung Dresden gilt in allen Regional- und Eilzügen bis zu den Stationen Tharandt, Meißen-Triebischtal, Niederau und Weinböhla ein **S-Bahn-Tarif.**

Straßenbahn: Die Gemeinden Radebeul, Coswig/Bez. Dresden und Weinböhla sind durch die **Lößnitzbahn** mit der sächsischen Landeshauptstadt verbunden.

Schiffsverkehr: Schiffe der Sächsischen **Dampfschiffahrt** verkehren zwischen Ende März und Anfang Oktober zwischen Seußlitz und Dresden mit Halt in Diesbar und Meißen. Zum Überqueren der Elbe bestehen zwischen Seußlitz und Nieder-

Sächsischer Wein

Das kleinste und östlichste Weinanbaugebiet Deutschlands liegt in Sachsen. Rebenhänge erstrecken sich von Pillnitz südlich Dresdens über Radebeul, Meißen bis hin zum berühmten Elbweinort Seußlitz.

Die Ursprünge des Anbaus lassen sich bis ins 12. Jh. zurückverfolgen. Bereits im 13. und 14. Jh. hatten die Weinreben alle klimatisch begünstigten Höhen des Elbtales erobert. In Folge erwarben insbesondere der Adel und die Landesfürsten größere Weingüter, aber auch die Bürger Meißens und Dresdens interessierten sich zunehmend dafür. Neben dem Silberbergbau entwickelte sich der Weinbau so im 15. und 16. Jh. zur zweiten wirtschaftlichen Stütze Sachsen. Klimaverschlechterung, Kriege und die Konkurrenz anderer alkoholischer Getränke ließen die Anbauflächen schrumpfen. Zum fast vollständigen Zusammenbruch führte schließlich der Reblausbefall 1888. In den 20er Jahren und erneut in der 50er Jahren unseres Jahrhunderts wurden mit großer Fleißarbeit wieder Weinberge angelegt. Sie laden heute zu Wanderungen mit herrlichen Ausblicken ins Elbtal, zu Besichtigungen von Museen und Weingütern ein. Und natürlich kann man die edlen Tropfen auch in einer der gemütlichen Weinstuben oder direkt beim Winzer kosten.

lommatzsch, Zadel und Spitzhäuser, Brockwitz und Reppina, Kötitz und Constappel (**Personenfähren**) sowie zwischen Kleinzadel und Zehren (**Wagenfähre**) Übersetzmöglichkeiten.
Busverkehr: Die meisten Orte des Wandergebietes sind an das öffentliche Kraftomnibuslinliennetz angeschlossen. Wegen der geringen Bedienung der meisten Linien sollten unbedingt vor Fahrtantritt Fahrplanauskünfte eingeholt werden.
Straßenverkehr: Etwa in der Mitte des Kartenblattes verläuft die Autobahn A 4 in West-Ost Richtung vom Kirchheimer Dreieck nach Bautzen/Budysin über Siebenlehn und Wilsdruff. Am Dreieck Nossen mündet die von Halle kommende A 14 ein.
Als Ferienstraßen gekennzeichnet wurden die **Sächsische Weinstraße** (Diesbar-Seußlitz – Nieschütz – Kleinzadel – Zadel – Rottwitz – Meißen – Gröbern – Niederau – Weinböhla oder Sörnewitz – Coswig/Bez. Dresden und von dort weiter nach Pirna) und die **Silberstraße** (Zwickau/Sachsen – Freiberg/Sachsen – Naundorf – Grillenburg – Tharandt – Dresden).

Die „Weiße Flotte" der Sächsischen Dampfschiffahrt lädt zu Ausflügen auf der Elbe ein

Ortsbeschreibungen:

COSWIG   D 4

Stadtgemeinde, Kreis Dresden-Meißen, Bezirk Dresden, PLZ: 01640, Höhe: 107 m, 25 000 Einwohner. **Auskunft:** Bürgerhaus Börse. **Bahnstation:** im Ort, hier halten alle Eil- und Regionalzüge. **Busverbindungen** nach Brockwitz, Sörnewitz, Moritzburg und Großenhain über Auer. **Stadtverkehr:** Straßenbahn nach Weinböhla, Radebeul und Dresden

Die am rechten Flußufer am Ausgang des Dresdener Elbtalkessels gelegene sächsische Industrie- und Gartenstadt Coswig geht auf eine Gründung des frühen 11. Jh. zurück. 1349 wird der Ort erstmals als *Kosowik* (= Amseldorf) erwähnt. Bis zum Niedergang des Weinbaues infolge Reblausbefalls Ende des 19. Jh. war Coswig ein Winzerdorf. Begünstigt durch den Bau der Eisenbahnlinien kam es um die Jahrhundertwende zu einer starken Industrieansiedlung. Infolgedessen wuchs auch die Bevölkerungszahl sprunghaft an und 1939 bekam Coswig das Stadtrecht verliehen. Heute bestimmen in dem seit 1929 an das Dresdner Straßenbahnnetz angeschlossenen Ort vor allem Industrieanlagen und Wohnhäuser sowie gärtnerische Flächen das Siedlungsbild.

Sehenswertes im Ort und in der Umgebung

Die im südlichen Ortsteil gelegenen **Alte Kirche** gehört mit ihrem schlicht ausgemalten einschiffigen Innenraum zu den schönsten Dorfkirchen in Sachsen. Die flache Felderdecke zeigt die Auferstehung der Toten zum Jüngsten Gericht, während auf der unteren Emporenreihe die Leidensgeschichte Christi dargestellt ist. Über dem Südportal, dessen Tür noch die alten Bänder besitzt, ist das Baujahr 1497 vermerkt. 1611 und 1735 wurde die Kirche teilweise verändert, so erhielt u. a. der Turm seinen Renaissancegiebel. Der spätgotische Schnitzaltar vom Ende des 15. Jh. zeigt die Madonna mit den 14 Nothelfern, darunter ist das Abendmahl, darüber die Taufe Christi dargestellt. Unmittelbar nördlich der alten Kirche befindet sich das kleine **Heimatmuseum**, in dem die historische Entwicklung der Stadt Coswig dargestellt wird. Das danebenliegende **Berufsschulinternat** wurde auf den Grundmauern einer alten Wasserburg errichtet. Als mit dem Anwachsen der Bevölkerung zu Beginn des 20. Jh. die alte Kirche für die Gemeinde zu klein wurde, baute man östlich davon eine neue. Ihre reich verzierte hölzerne Inneneinrichtung ist besonders sehenswert.

Spazier- und Wanderwege
1. *nach Neucoswig (2 km; Markierung: gelber Punkt)*
   Coswig (Bhf.) – Bahnhofstraße – Johannesstraße – Hohensteinstraße – Neucoswig (Hp.)

DIESBAR-SEUSSLITZ   BC 1

Dorf, Kreis Riesa-Großenhain, Bezirk Dresden, PLZ: 01612, Höhe: 100 m, 900 Einwohner. **Auskunft:** Fremdenverkehrsamt, **Bahnstationen:** Priestewitz (6 km), hier halten nur Regionalzüge, Riesa (12 km), Meißen (12 km). **Busverbindungen** nach Riesa und Meißen.

Die Doppelgemeinde Diesbar-Seußlitz ist Zentrum der an der **sächsischen Riviera** gelegenen **Elbweindörfer**. Der Fluß hat sich hier ein enges Tal durch das Meißner Syenit-Granit-Massiv gegraben. Das besonders milde Lokalklima hat hier seit mehreren hundert Jahren an den Hängen Weintrauben reifen lassen, die die hiesigen Winzer in einen köstlichen Tropfen zu verwandeln wissen.

Sehenswertes im Ort und in der Umgebung
Anstelle des heutigen **Schlosses** befand sich im 13. Jh. eine Wasserburg, die 1226 abgebrochen wurde. Das anschließend neugebaute Schloß schenkte der Markgraf 1268 den Klarissinnen, die hier bis zur Säkularisation 1541 ein Nonnenkloster unterhielten. 1725/26 wurde die Anlage gemeinsam mit der **Kirche** im Barockstil umgebaut. Links hinter dem Schloß befindet sich oberhalb des Torhauses ein altes **Weinpressenhaus** mit steilem Mansardendach. Ein Schlußstein über dem Korbbogentor zeigt das Erbauungsjahr 1809 an. Das Schloß wird von einem herrlichen **Park**, der teils im englischen, teils im französischen Gartenstil angelegt ist, umgeben. Dahinter leitet der 1974 durch Anstau der Bockau angelegte **Gondelteich** zum mit herrlichem Laubwald bestandenen **Seußlitzer Grund** über. Die Bockau hat sich 20 – 50 m tief in die umliegenden Höhen eingeschnitten. Südlich des Schlosses steht auf einem Terrassenhügel die im 18. Jh. erbaute **Heinrichsburg**. Von dort oben bietet sich ein schöner Blick ins Elbtal. Den gegenüberliegenden Hang schmückt das **Winzerhaus Luisenberg** aus der gleichen Zeit. Im alten Dorf haben sich einige schöne Beispiele der traditionellen Bauweise erhalten (z. B. Bergstraße Nr. 4 und 7). An der Elbestraße stehen der alte **Winkelhof** von 1828 und **Lehmanns Weinstuben**. Am Gartentor weisen Markierungen auf die Hochwasserstände der Jahre 1845 und 1890 hin. Vorbei am sagenumwobenen Biotitgranitsteinbruch **Böse Brüder** führt der Weg weiter nach *Diesbar*. Vom am Ortseingang gelegenen **Gasthaus „Zum Roß"** berichtet die Sage, daß ein

Schloß Seußlitz liegt inmitten herrlicher Parkanlagen

Wassernix aus den Fluten der Elbe aufgestiegen und mit den Dorfschönen getanzt hätte, wenn hier die Musik aufspielte. Am Eingang zum schluchtartigen, auf die Radewitzer Höhe führenden **Bohntal** steht ein altes **Zweifamilienwinzerhaus.** Das bereits 1205 bestehende Einzelgut *Radewitz* war früher die Schäferei des Seußlitzer Klosters mit über 500 Schafen. Von hier führt ein Höhenweg auf die **Goldkuppe (183 m)**. Den Geländerücken zwischen Elbtal und Seußlitzer Grund nutzten schon die bronzezeitlichen Menschen zur Anlage einer großen Befestigungsanlage, die aus 3 Wällen von 1100 m Länge bei einer maximalen Breite von 400 m besteht.

Spazier- und Wanderwege
1. *nach Priestewitz (6 km; Markierung: roter Punkt)*
   Seußlitz – Seußlitzer Grund – Laubach – Baselitz – Wantewitz – Priestewitz (Bhf.).
2. *nach Diesbar (3 km; Markierung: gelb)*
   Seußlitz – Heinrichsburg – Goldkuppe – Höhenweg – Löbsal – Diesbar.

EDLE KRONE   D 9

Bahnhofssiedlung, Gemeinde Höckendorf, Weißeritzkreis, Bezirk Dresden. PLZ: 01774, Höhe: 276 m, 50 Einwohner. **Bahnstation:** im Ort, hier halten nur Regionalzüge. **Busverbindungen** nach Höckendorf, Ruppendorf, Dippoldiswalde, Freital, Dorfhain und Klingenberg.

Der am Ostrand des Erzgebirges gelegene kleine Ort war vom 14. – 19. Jh. das Zentrum des Silberbergbaus im Tal der Wilden Weißeritz. Auf eine der ältesten Gruben, die *Cron am Höckenberg* (1557), geht auch der Ortsname zurück.

Sehenswertes im Ort und in der Umgebung
Der 1908 aus Holz errichtete **Bahnhof** scheint viel zu groß für den kleinen Ort. Er mußte jedoch erweitert werden, weil er auch von den Bewohnern der umliegenden Dörfer und vor allem von Ausflüglern als Ausgangspunkt für Spaziergänge in den Tharandter Wald rege genutzt wird. Das Dorf selbst besteht nur aus wenigen Wohnhäuser und Fabrikgebäuden. In der Umgebung finden sich zahlreiche alte **Bergbauanlagen** (Mundlöcher, Grubengebäude, Halden). Das 80 – 100 m tiefe **Weißeritztal** wird von zahlreichen **Felsen und Klippen** (z. B. Bellmanns Los) gegliedert. Oberhalb des Tiefen Grundes wurde eine **Forellenzuchtanlage** angelegt.

Spazier- und Wanderwege
1. *nach Altenberg/Erzgebirge (40 km; Markierung: rot)*
   Edle Krone (Bhf.) – Edle Krone Richtschacht – St. Georgen-Stolln – Neubergmännisch Glück – Hüttenwiese – Poetensteig – Alte Elisabeth Erbstolln – Dorfhain-Niedermühle (Ochsenmühle) – Barth-Mühle – Ruine Stübe-Mühle (Stein-Mühle) – Winkel-Mühle – Gottes Neue Hilfe – Aurorastolln (Schaubergwerk) – Hosen-Mühle (Hasel-Mühle) – Freudenglückstolln – Gückelsberg (Wildgehege) – Klingenberg – Hinter-Mühle – Lindenhof – Talsperre Klingenberg – Beerwalder Mühle – Talweg – Talmühle – Röthenbacher Mühle – Lehn-Mühle – Talsperre Lehnmühle – Bellmannswald – Biedermanns-Mühle – Thieles-Mühle – Filzweg – Grabenweg – Herklotz-Mühle – Reitsteig – Jägerhof – Kreuzweg – Lugsteinweg – Georgenfeld – Zinnwald – Langegassenweg – Brautstock – Schwarzer Teich – Altenberg/Erzgebirge (Bhf.).
2. *nach Borlas und zurück (4 km; Markierung: gelb)*
   Edle Krone (Bhf.) – Butterstraße – Viehweghöhe – Borlas – Menzertelle – Höckenbachtal – Reicher Seegen Gottes oder Lorenzstolln – Edle Krone (Bhf.).
3. *nach Bahnhof Klingenberg-Colmnitz (20 km; Markierung: grün)*

Die Paraden der Bergbrüderschaften in vielen Orten des Erzgebirges erinnern an große Zeiten

Edle Krone (Bhf.) – Edle Krone Richtschacht – St. Georgen-Stolln – Hüttenwiese – Silberne Tanne-Stolln – Seerentalweg – Markgrafenweg – Kreuz Vier – S-Berg – Mauerhammer – Schneise 6 – Kurort Hartha – Süntelbuchen – Sonnenbad – Schneise 7 – Kugelpechsteine – Spechtshausen – F-Flügel – Treckewiesen – Triebischwiesen – Wiesenweg – Jungfernloch – Kirschbergbrücke – Triebenbachweg – Schneise 16 – Hetzdorf (Bergschlößchen) – Schneise 18 – F-Flügel – Salzlecke – Flügel Jägerhorn – Grillenburg – Colmnitzer Weg (U-Weg) – Schneise 15 – Bohlenweg – Bahnhof Klingenberg-Colmnitz.

4. *nach Dorfhain-Aurora-Stolln (5 km; Markierung: grüner Diagonalstrich)*

Edle Krone (Bhf.) – Edle Krone Richtschacht – St. Georgen-Stolln – Neubergmännisch Glück – Hüttenwiese – Poetensteig – Alte Elisabeth Erbstolln – Dorfhain-Niedermühle

(Ochsenmühle) – Barth-Mühle – Ruine Stübe-Mühle (Stein-Mühle) – Winkel-Mühle – Gottes Neue Hilfe – Aurorastolln (Schaubergwerk) – Neujahrswechsel- (Hermser-) Stolln – Spieligtschlucht.

FREIBERG AB 10

Kreisstadt, Bez. Chemnitz, PLZ: 09599, Höhe: 400 m, 50 000 Einwohner. **Auskunft:** Freiberg-Information. **Bahnstation:** im Ort, hier halten alle Schnell-, Eil- und Regionalzüge. **Busverbindungen** in die meisten Orte der Umgebung von den Busbahnhöfen am Bahnhofsvorplatz und Wernerplatz.

Die am Nordhang des unteren Erzgebirges gelegene Bergstadt verdankt ihre Entstehung und Bedeutung dem Silberbergbau, der bis in unser Jahrhundert hinein die Geschichte und Entwicklung der Stadt am *freyen Berge* maßgeblich beeinflußt hat. Nachdem bereits in der Mitte des 12. Jh. fränkische Bauern die Rodesiedlung Christiansdorf im Münzbachtal angelegt hatten, entwickelte sich der Ort nach Entdeckung der Silbervorkommen (1168) zum wichtigsten sächsischen Wirtschaftszentrum des Mittelalters. Insgesamt erlebte der Freiberger Bergbau in seiner rund 800jährigen Geschichte drei Blütezeiten. Die erste dauerte bis ca. 1300, die zweite ab 1470 wurde durch den Dreißigjährigen Krieg unterbrochen; die letzte ab 1765 war stark mit der Entwicklung der Freiberger Bergakademie verbunden. Sie alle haben Spuren im Stadtbild hinterlassen und führen dem Besucher an Hand prunkvoll ausgestatter Kirchen und kunstvoll verzierter Bürgerhäuser den einstigen Reichtum Freibergs vor Augen. Bis zur Einstellung des Silberbergbaues im Jahre 1913 haben die Bergleute die unvorstellbare Menge von 5400 t reinem Silber aus dem Berg geholt.

Sehenswertes im Ort und in der Umgebung

Bahnhofsvorstadt: Der Freiberger **Bahnhof** mit seinen neugotischen Formen wurde 1862 im Zusammenhang mit dem Bau der Albertbahn eingeweiht. Vom Bahnhofsvorplatz führt der **Rote Weg** durch gründerzeitliche Bebauung zum **Wernerplatz**. Hier stößt man erstmals auf Überreste des Freiberger Bergbaus, die Halde der Roten Grube, deren Schacht 1848 abgeteuft wurde. Ein weiterer Zeuge der Bergbautätigkeit ist das von einem steilen Ziegeldach bekrönte Huthaus des Kuhschachtes von 1750 (Nr. 15). An den Wernerplatz schließt sich nach Norden der **Platz der Oktoberopfer** vor dem **Erbischen Tor** an, der uns für die folgenden Stadtrundgänge als Ausgangspunkt dient.

Sächsstadt: Der erste Stadtrundgang führt uns in den ältesten Teil der **Unterstadt**, der sich nach der Entdeckung der reichen Silbervorkommen aus der alten Waldhufensiedlung Christiansdorf entwickelte. Seinen Namen erhielt das Bergmannstädtchen seinerzeit von den aus Niedersachsen herbeigerufenen Bergleuten. Wir folgen zunächst der Hornstraße vorbei am **Hornbrunnen** zum **Donatsturm.** Dieser 35 m hohe, aus mehrere Meter dicken Bruchsteinmauern erbaute Rundturm ist seit 1455 urkundlich nachweisbar. Die von hier nach Norden führende **Pfarrgasse** entspricht der alten Christiansdorfer Dorfstraße. Obwohl die meisten Häuser klein und ärmlich sind, finden sich doch auch an ihnen teilweise reiche Verzierungen und Sitznischenportale aus der Zeit der Spätgotik und der Frührenaissance. An der platzartigen Erweiterung der Straße in Höhe der alten **Klosterschänke** (Nr. 35) befand sich der erste Freiberger Marktplatz. Anstelle der **Dürerschule** stand die 1889/90 leider abgebrochene alte Jacobikirche. Wir gehen noch ein Stück geradeaus und wenden uns dann nach links in die **Talstraße**. Unter ihr fließt der **Münzbach** in einem kanalisierten Bett. Die anschließende Wasserturmstraße erhielt ihren Namen nach einem heute nicht mehr vorhandenen Turm der Stadtbefestigung. Obwohl alle alten Gebäude der Sächsstadt späteren Stadtbränden zum Opfer gefallen sind, finden wir in der **Donatsgasse** noch einige kleine Bergmannshäuschen, die

Der Freiberger Obermarkt

den ursprünglich hier vorhandenen recht ähnlich sehen dürften. Vom Donatsturm kehren wir anschließend über die Wallanlagen zum Erbischen Tor zurück.

Nicolaistadt: Die Nicolaistadt am westlichen Ufer des Münzbaches entstand als erste Stadterweiterung noch am Ende des 12. Jh. Die **Stolln-Gasse** erinnert an die Gruben, die seinerzeit in und um die Stadt angelegt wurden. Zumeist wohnten in der Nicolaistadt jedoch die Handwerker und Händler, die den Bergleuten die notwendigen Arbeitsgeräte und Lebensmittel lieferten. In der **Gerbergasse** beispielsweise nutzten die Gerber das Wasser des Münzbaches bei der Erzeugung von Arschledern, Riemen u. ä. Der am Haus Nr. 25 angebrachte Ochsenkopf (1564) markiert den Standort des früheren Schlachthofes. Durch das Bäckergäßchen und die Gasse Am Mühlgraben, wo weitere kleine, heute malerisch anmutende Handwerkerhäuschen stehen, erreichen wir den Ring. Die **Meißner Gasse** bildete die nördliche Begrenzung der alten Nicolaistadt. Im Bäcker- und im Färbergäßchen hatten weitere Handwerkszünfte ihr Domizil. Mitten in die Häuser der Kreuzgasse hineingebaut ist die turmlose **Kirche St. Johannis der Täufer**. Der dahinterliegende **Dunkelhof** (Nr. 7) mit seinem aus späterer Zeit stammenden Treppengiebel war im Mittelalter wahrscheinlich ein Freihof. Über Herder-, Heubner- (Ritter-) und Weingasse gelangt man dann zum **Buttermarkt**, der von der **Nicolaikirche** (12. Jh., nach Städtbränden mehrmals wiederaufgebaut, Inneres barock 18. Jh.) und dem gegenüberliegenden **Stadttheater** eingerahmt wird. Da sich hier auch das alte Gasthaus *Zur Hölle* befindet, nennen die Freiberger den Buttermarkt auch *Himmel, Hölle, Teufelskapelle*. Bevor wir die Runde über **Enge** und **Borngasse** beenden, schauen wir uns noch die alten Häuser in der Nikolai- und **Aschegasse** an. Aschen nannte man früher die Bergwerke.

Unterstadt: In die eigentliche, ganz im Norden der Altstadt gelegene Unterstadt gelangt man vom Erbischen Tor aus durch die Erbische-, Stolln-, Born-, Heubner- (Ritter-) und Domgasse. Immer wieder fallen dabei schön gestaltete Fassaden und wunderbar verzierte Sitznischenportale auf. In der **Brennhausgasse** befand sich in früheren Zeiten das Silberbrennhaus, in dem Silber feingebrannt, d. h. von Bleiverunreinigungen befreit wurde. Weil dabei auch die Steuer entrichtet werden mußte, wird verständlich, warum sich das Brennhaus zunächst im, später nahe beim Schloß befand. In dem wiederum mit einem schönen Rundbogenportal verzierten Haus Nr. 5 (um 1550) entdeckte 1886 der Akademieprofessor Clemens Winkler das Element Germanium, im Haus Nr. 8 befand sich das **erste Hüt-**

Der Dom mit seiner berühmten Silbermannorgel

tenlaboratorium. Einen Einblick in die faszinierende Welt der Steine und Mineralien gibt die **Mineralogisch-lagerstättenkundliche Sammlung** (Nr. 14). Über Silbermann- und Geschwister-Scholl-Straße (Am Gymnasium) gelangen wir dann zum **Untermarkt.** Der unregelmäßig gestaltete, fast dreieckige Platz wird vom **Dom** und dem **Stadt- und Bergbaumuseum (Alte Thürmerei)** beherrscht. Der Dom, von dessen spätromanischem Ursprungsbau nur die Goldene Pforte überdauert hat, wurde nach einem Stadtbrand Ende des 15. Jh. als spätgotische Hallenkirche wieder aufgebaut. Seine zwei Kanzeln (Bergmanns- und Tulpenkanzel), die Begräbniskapelle und die Silbermannorgel sind nur die wichtigsten seiner wertvollen Einrichtungsgegenstände. Führungen finden tägl. um 11, 14 und 15 Uhr statt.

Oberstadt: Die Oberstadt unterscheidet sich von der durch ihre verwinkelten Gassen gekennzeichneten Unterstadt schon durch den geraden Verlauf der sich meist rechtwinklig schneidenden Gassen. Sie gibt sich damit als planmäßige Neuanlage des beginnenden 13. Jh. zu erkennen. Unseren kleinen Rundgang beginnen wir wieder am **Erbischen Tor**, von dem nur das von einem Berg- und Hüttenmann flankierte Stadtwappen gleich am ersten Haus erhalten geblieben ist. Die **Erbische** und die **Burgstraße** bilden die wichtigste Stadtmagistrale und heutige Hauptgeschäftsstraße Freibergs. Sie verbinden das Erbische Tor geradewegs mit dem **Schloß Freudenstein**. Viele der alten Bürgerhäuser zeigen noch kunstvolle Details, die von der Wohlhabenheit ihrer einstigen Besitzer künden. Das Schloß entstand gleichzeitig mit der Oberstadt als Burg der Landesherren. Hier waren anfangs auch das Silberhaus und die Münze untergebracht. Als Residenz diente die Anlage allerdings nur zwischen 1505 und 1539. Später baute man sie zum Renaissanceschloß um, von dessen Schönheit jedoch durch die Nutzung als Getreidespeicher in den vergangenen 200 Jahren nicht mehr viel übriggeblieben ist. Gleich neben dem Schloß, am **Schloßplatz** Nr. 6, befanden sich Wohnung und Werkstatt des berühmten Orgelbaumeisters Gottfried **Silbermann**. Die **Nonnengasse** erhielt ihren Namen von den Beginen, die in der Stadt Kranken- und Leichenpflegerdienste versahen. Sie wurden deshalb Sepulturnonnen genannt – die Freiberger machten daraus *Polternonnen*. Nach wenigen Schritten stehen wir dann auf dem rechteckigen **Obermarkt**, einem der schönsten und geschlossensten Platzanlagen Deutschlands. Die Ostseite wird vom wuchtigen Bau des Rathauses beherrscht, während rund um den Platz die stolzen Häuser der Ritter, Patrizier, Bergbeamten und reichen Bürger stehen. Auch in den umliegenden Gassen (Fischer- und Petersstraße) setzt sich dieser Glanz fort. Seit dem letzten großen Stadtbrand (1484) trennt eine Häuserzeile im Westen den Obermarkt von der **Petrikirche** ab, die nun durch das schmale Kirchgäßchen zu erreichen ist. Sie entstand ebenfalls im 13. Jh., wurde aber durch Stadtbrände immer wieder vernichtet. Nur die Grundmauern der Türme haben überdauert, der restliche Bau wurde 1728 – 1734 neu aufgeführt. Anschließend kann man sich im **Naturkundemuseum** (Waisenhausstr. 10) über den Einfluß des Bergbaus auf die Freiberger Landschaft informieren. Durch die **Kaufhausgasse** gelangt man dann weiter zur Akademiestraße, in der sich der Gründungsbau der **Bergakademie** (Nr. 6) befindet. Über die **Prüferstraße**, an der weitere Akademiegebäude stehen, und die **Wallstraße** mit ihren gepflegten Anlagen (mit Kreuzbrunnen, Gericht, Schnekkenberg, Schwedendenkmal, Zürnersche Distanzsäule) und vorbei am alten **Kornhaus** (Schillerstraße) kehren wir dann wieder zurück zum Erbischen Tor.

Umgebung: Die Umgebung von Freiberg ist, ebenso wie die Stadt selbst, vom Bergbau geprägt. Eine Vielzahl alter Halden überzieht die Landschaft wie Narben. An manchen Stellen haben sich Stollenmundlöcher und Huthäuser, seltener noch ganze Grubenanlagen erhalten. Zwei von ihnen, der **Schacht „Reiche Zeche"** (Tuttendorfer Weg) und die **Grube „Alte Elisabeth"** (Fuchsmühlenweg) wurden zu Schaubergwerken ausgebaut und stehen heute interessierten Besuchern offen. Früher waren die Reiche Zeche und der Turmhofschacht durch eine pferdebetriebene Schienenbahn miteinander verbunden, die in einem **Tunnel** durch die Halde des Abraham-Schachtes hindurchführte. Der nördliche Tunnelmund ist an der Ulrich-Rülein-Straße heute noch zu sehen. Ebenfalls sehr interessant ist das alte **Hammerwerk Freibergsdorf** aus dem 16. Jh.

Spazier- und Wanderwege
1. *nach Tuttendorf (3 km; Markierung: blau)*
   Freiberg (Bhf.) – Annaberger Straße – Petersstraße – Obermarkt – Burgstraße – Untermarkt – Meißner Gasse – Halsbrücker Straße – Tuttendorfer Weg – Tuttendorf (Bhf.).
2. *nach Falkenberg bei Freiberg (7 km; Markierung: gelb)*
   Freiberg-Ostbahnhof – Fuchsmühlenweg – Grube Alte Elisabeth – Halde David Richtschacht – Fuchsmühle – Conradsdorf – Falkenberg bei Freiberg.

KLINGENBERG-COLMNITZ   CD 10

Selbständige Dörfer, Weißeritzkreis, Bezirk Dresden, PLZ: 01738, Höhe: 440 m, 1200 Einwohner (Klingenberg), 1800 Einwohner (Colmnitz). **Auskunft:** Gemeindeamt. **Bahnstation:** im Ort, hier halten nur Regionalzüge. **Busverbindungen** nach Dippoldiswalde, Dorfhain, Freiberg, Freital, Ruppendorf, Tharandt und Grillenburg.

Die beiden mittelalterlichen Rodungsdörfer liegen im unteren Osterzgebirge zwischen dem Tharandter Wald im Norden und dem Tal der Wilden Weißeritz im Osten. Von den früheren Waldhufen ist heute kaum noch etwas zu sehen.

Sehenswertes im Ort und in der Umgebung
Der **Bahnhof Klingenberg-Colmnitz** hat seit der Einstellung der Schmalspurbahnen viel von seiner früheren Bedeutung verloren. Östlich der Station waren im 19. Jh. zunächst nur wenige Häuser entstanden, darunter das früher beliebte Ausflugslokal **Sachsenhof**. Die Bahngleise werden auf einem Fußgängersteg überquert und dann der Weg auf der Bahnhofstraße nach Westen fortgesetzt. Wir kreuzen den **Colmnitzer Weg**, eine alte Handelsstraße, die Grillenburg mit Frauenstein/Erzgebirge verband und über den Gebirgskamm weiter nach Böhmen führte. Über die Alte Neun erreichen wir anschließend Niedercolmnitz. Südlich des ehemaligen Bahnhofes zieht der 1860 – 62 erbaute zehnbogige **Eisenbahnviadukt** die Blicke auf sich. Beim Weitergehen auf der 7 km langen Dorfstraße fallen schöne **Dreiseithöfe** im **Fachwerkstil**, sowie eine 1822 errichtete **Sandsteingewölbebrücke** auf. Die **Dorfkirche Colmnitz** mit ihrem Zwiebelturm stammt aus dem Jahre 1780. Am Dorfplatz finden wir die **Lutherlinde** und die ehemalige **Grundschule** von 1879.

Über *Obercolmnitz* kommen wir schließlich zur **Schankwirtschaft Neuklingenberger Höhe** (z. Zt. geschlossen). Der Höhenweg – ein alter Bahndamm – führt von hier zur Staumauer der Talsperre Klingenberg. Kurz nach dem Eintritt in den Wald quert die Trasse den 18 m tiefen **Langen Grund**. Die frühere hölzerne Eisenbahnbrücke wurde 1924 durch eine kühne Stahlbetonkonstruktion ersetzt. Die 122 ha große **Talsperre Klingenberg** entstand 1914 am Mittellauf der Wilden Weißeritz. Auf der Krone ihrer 40 m hohen Sperrmauer kann man zur Waldschänke hinüberspazieren. Wir bleiben aber am linken Ufer und steigen hinter der **Gaststätte Lindenhof** zur **Hintermühle** hinunter.

Die Höfe in *Klingenberg* sind meist mit Schiefer gedeckt. An vielen Häusern hat sich noch altes Fachwerk erhalten. Auf der südlichen Talkante steht die **Klingenberger Dorfkirche**. Ihre geschweifte Turmspitze endet in einer schlanken Zwiebel, die eine Wetterfahne mit der Jahreszahl 1747 trägt. In der danebenbliegenden **Alten Schmiede** sind Teile der handwerklichen Einrichtung noch vorhanden. Ehemaliges Schulhaus und Brauerei zeigen Fachwerkobergeschoß mit farblich hervorgehobenem Eckverband aus Sandstein. Unter den Gebäuden des **Rittergutes** fällt besonders das **Schloß** mit seinem achtkantigen, sich nach oben verjüngenen Turm mit Laterne am Steilufer über der Weißeritz auf. Über den **Gückelsberg**, auf dem ein **Wildgehege** angelegt wurde, kann man zur **Hosenmühle** und von dort zurück zum Bahnhof wandern.

Spazier- und Wanderwege
1. *nach Edle Krone (9 km; Markierung: grün)*
   Bhf. Klingenberg-Colmnitz – Eisenbahnbrücke – Erholungsheim – Bohlenweg – A-Flügel – Lehmgrubenweg – Seerenteichweg – Seerenteich – Seerentalweg – Hüttenwiese – Bhf. Edle Krone.
2. *nach Malter (19 km; Markierung: grün)*
   Bhf.Klingenberg-Colmnitz – Sachsenhof – Neuklingenberg – Höhenweg – Lindenhof – Talsperre Klingenberg – Waldschänke – Obercunnersdorf – Alte Straße – Kirchsteig – Höckendorf – Höckendorfer Heide – Paulshain – Sandberg – Paulsdorfer Heide – Seifersdorfer Kirchweg – Talsperre Malter – Malter (Bhf.).

MEISSEN   C 3

Kreisstadt, Bezirk Dresden, PLZ: 01662, Höhe: 105 m, 40 000 Einwohner. **Auskunft:** Tourist-Information. **Bahnstation:** Bhf. Meißen und Bhf. Meißen-Triebischtal. **Busverbindungen** in die meisten Orte der Umgebung vom Busbahnhof hinter dem Bahnhof. **Schiffsverkehr:** nach Dresden und Diesbar-Seußlitz.

Meißen breitet sich wie ein Amphitheater zwischen den Mündungen der Triebisch und der Meisa am linken Ufer der Elbe aus. Wegen der über der Altstadt thronenden Burg spricht man auch vom **Sächsischen Nürnberg.** Bereits 929 war hier eine Befestigung gegen die Slawen angelegt worden, von der aus das umliegende Land von deutschen Siedlern kolonisiert wurde. Deshalb wird Meißen auch oft die Wiege Sachsens genannt. Am Fuße der Burg ließen sich Händler und Handwerker nieder, und es entstand die Bürgerstadt (ab 1150). Mit der Entdeckung des Porzellans und der Gründung der ersten europäischen Porzellanmanufaktur in Meißen im Jahre 1710 war der Grundstein für den wirtschaftlichen Aufschwung der Stadt gelegt. Viele weitere Unternehmen, die zunächst die Wasserkraft, später die günstige Verkehrslage an der Eisenbahn ausnutzten, ließen sich im Triebischtal nieder. Hinzu kommt, aufgrund der günstigen klimatischen Situation, ein zwar vom Umfang her bescheidener, nichts desto trotz aber sehr berühmter Weinbau an den Elbhängen.

Sehenswertes im Ort und in der Umgebung
Vom 1928 im funktionell-sachlichen Bauhausstil errichteten **Bahnhof** gelangt man über die **Stahlfachwerk-Eisenbahnbrücke** in die linkselbische Altstadt. Schon von der Brücke aus bietet sich ein prächtiger Blick auf die Albrechtsburg und den Dom. Am anderen Ufer folgt man der Uferstraße bis zur 1935 fertiggestellten **Straßenbrücke.** Ein fester Elbübergang be-

Blick über die Elbe auf Dom und Albrechtsburg ▶

stand an dieser Stelle bereits seit dem 13. Jh. Man wendet sich nun nach links in die Elbestraße, die sich kurz darauf zum **Heinrichsplatz** weitet. Hinter dem 1863 geschaffenen Heinrichsbrunnen erhebt sich die gotische **Franziskanerkirche**, in der heute das **Stadtmuseum** untergebracht ist. Am Eckhaus zur oberen Elbestraße entdeckt man einen interessanten Erker mit dem sächsischen, polnischen und hessischen Wappen sowie Medaillons der jeweiligen Herrscher. Weiter geht es über den **Kleinmarkt** zur Marktgasse. Bemerkenswert sind hier die schönen Sitznischenportale an den Häusern Nr. 1, 8 und 10. Kurz darauf stehen wir auf dem **Markt.** Obwohl nur von schlichten Bauten umgeben, wirkt er dank seiner Geschlossenheit eindrucksvoll. Hier stehen das spätgotische **Rathaus** (1472 begonnen, Einflüsse der norddeutschen Backsteingotik) und die gotische **Frauenkirche** mit ihrem barocken Turm, in dem 1929 das erste **Porzellanglockenspiel** der Welt aufgehängt wurde. Ganz versteckt liegt hinter der Kirche ein kleines Fachwerkhaus mit dem historischen **Weinschank von Vincenz Richter**. Vorbei an weiteren alten Bauten steigen wir anschließend die **Burgstraße** und die **Schloßstufen** hinauf auf den **Burgberg**. Die spätgotische **Albrechtsburg** wurde in ihrer heutigen Form 1470 begonnen. Bei Restaurierungsarbeiten Ende des 19. Jh. versah man einen Teil der Räume mit Historiendarstellungen aus der sächsischen Geschichte. Daneben befindet sich in der Burg eine Sammlung alter sächsischer Plastiken und das Museum der sächsischen Landesgeschichte. Der mittelalterliche **Dom** (in mehreren Bauetappen von 1280 bis 1480; Türme 1909 vollendet) ist ein stilreiner hochgotischer Sakralbau. Ihm schließen sich das spätgotische Bischofsschloß (heute Gericht) und die Domherrenhöfe an. Über die **Schloßbrücke**, vorbei am Mittel- und am Vordertor, führt der Weg dann zur **Afrakirche** an der Freiheit. An ihr lassen sich die einzelnen Bauetappen von der Romanik bis zum Barock ablesen. Über die Roten Stufen und den Baderberg steigt man wieder hinab in die Altstadt zum **Theaterplatz**. Er war der älteste Marktplatz der Stadt und von zahlreichen Gastwirtschaften umgeben, von denen nur der Goldene Ring und Teile der Sonne erhalten geblieben sind. Auch das Theater selbst diente früher als Gewandhaus den Tuchmachern als Verkaufsstätte. Erst 1851 baute man es zu einer festen Spielstätte um. Von hier aus kann man wieder zum Bahnhof zurückkehren oder den Spaziergang durch Göhrischgasse und Am Steinberg ins **Triebischtal** fortsetzten.

Vorstädte: Der Namen Meißens ist seit rund 300 Jahren mit dem Weißen Gold, dem Porzellan, verbunden. Noch heute wer-

In Meißens schöner Altstadt liegt diese historische Weinstube

den in der **Porzellanmanufaktur** im *Triebischtal* Geschirr und figürlicher Schmuck nach alten Vorlagen und neuen Mustern erzeugt. Wer sich näher dafür interessiert, kann in der **Schauwerkstatt** den Formern, Modelleuren und Malern über die Schulter schauen. Die **Schauhalle** zeigt eine jährlich wechselnde Auswahl von rund 3000 Exponaten aus der mehr als 20 000 Porzellane umfassenden Modellsammlung. Nördlich der Altstadt befindet sich im Stadtteil *Klosterhäuser* die Ruine des Ende des 12. Jh. gegründeten Klosters **Zum heiligen Kreuz**. Am rechen Elbufer lohnt es, auch die verwinkelten Gassen von *Vorbrücke* zu durchstreifen. Dabei bietet sich vom **Ratsweinberg** ein prächtiger Blick über die Elbe auf Altstadt und Burg.

Meißen, wo man das „Weiße Gold" erfand

„... erstmals die Schönheit, zum anderen die Rarität und drittens die mit beiden verknüpfte Nutzbarkeit. Solch drey Qualitäten machen eine Sache angenehm, kostbar und nöthig," mit diesen Worten beschrieb einst Johann Friedrich Böttger seine Erfindung: das europäische Porzellan.

Seine Labor-Experimente, mit denen er schließlich zur Entdeckung der zerbrechlichen Kostbarkeit gelangte, führte der „Alchimist" Böttger zeitweise in der Jungfernbastei in Dresden sowie in der Albrechtsburg bei Meißen durch, wo im Juni 1710 die erste Porzellanmanufaktur Europas ihren Betrieb aufnahm.

Die frühesten Begegnungen mit Keramik und Porzellan aus Ostasien, vorwiegend aus China, erregten in Europa zunächst ästhetisches Erstaunen. Marco Polo brachte bereits 1295 die Nachricht von eigenartig schönen Gefäßen nach Europa. Im 17. Jh. gelangte der kostbare Werkstoff schließlich über die Ostindischen Handelskompanien auf die europäischen Märkte Lissabon, Antwerpen und Amsterdam. Die horrenden Preise für die fernöstliche Ware löste in den verschiedenen Ländern fieberhafte Anstrengungen aus, das Geheimnis des Produktes zu erforschen. In den 90er Jahren des 17. Jh. erregte ein Apothekergeselle in Berlin die Gemüter mit seinen „magischen" Fähigkeiten, Gold herzustellen. Der preußische König Friedrich I. zeigte sich äußerst interessiert an dem güldenglänzenen Metallstück, das dieser „Zauberlehrling" hervorgebracht hatte. Um sich dem Zugriff des Königs zu entziehen, floh der junge Böttger nach Wittenberg, ohne zu ahnen, daß ihm dort, im Herrschaftsgebiet August des Starken von Kursachsen, ein ähnliches Schicksal drohen würde. „Tu mir zurecht Böttger, sonst laß ich dich hängen", soll der Kurfürst angesichts seiner leeren Staatskassen geäußert haben.

Zusammen mit einer Reihe von Wissenschaftlern und Gelehrten, allen voran Walther von Tschirnhaus, und einer kleinen Anzahl hochqualifizierter Berg- und Hüttenleute gelang es schließlich in den Jahren 1707 – 08, das ersehnte Rezept zur Herstellung des „weißen Goldes" zu finden.

Die Albrechtsburg bei Meißen schien ein sicherer Ort für die Wahrung des Produktionsgeheimnisses, und so kam es, daß dort am 6.6.1710 die Königlich-Polnische-Kurfürstlich-Sächsische Porzellanmanufaktur gegründet wurde.

Johann Friedrich Böttger erlebte den Siegeszug seiner glorreichen Erfindung nicht mehr. Er starb, erst 37jährig, nach längerer Krankheit im März 1719.

Zur Verfeinerung und Veredelung des Meissener Porzellans trugen ferner der Maler Johann Gregorius Höroldt (1696 – 1765) sowie der Modelleur Johann Joachim Kaendler (1706 – 1775) bei.

Das von Kaendler in den Jahren 1737 – 41 entworfene „Schwanenservice" gilt noch heute als das umfangreichste Tafelservice, das jemals geschaffen wurde. Mit über 1000 Teilen war es für eine Tafel mit hundert Gästen gedacht.

Heute arbeiten 1150 Beschäftigte, darunter rund 620 Porzellanmaler in den Gebäuden im Meißner Triebischtal, welche die Manufaktur zwischen 1863 und 1865 bezog. Seine Seltenheit und seinen edlen Charakter verdankt das Meissener Porzellan der aufwendigen, manuellen Entstehungsweise. Alle Bereiche der Gestaltung, ob Drehen oder Bemalen, erfolgen sorgfältig per Hand. Die Echtheit der Meissener Porzellanprodukte erkennt man an den „Gekreuzten Blauen Schwertern", die seit 1723 in kobaltblauer Farbe unter der Glasur jeder einzelnen Moccatasse, jedes Tellers, jeder Vase erscheinen. Sie stammen aus dem Kursächsischen Wappen und sollten den fremden Nationen signalisieren, daß die damit gekennzeichneten Waren im Kurfürstentum Sachsen „fabrizieret" wurden.

Umgebung: Am rechten Elbufer erwarten in **Cölln** die neugotische **Johanniskirche** aus dem 19. und der **Urbans-Kirche** aus 18. Jh. den Besucher. In der Elbstraße befindet sich noch das alte zweigeschossige **Gutshaus** aus der 2. Hälfte des 17. Jh. Schon von weitem sichtbar ist die auf einem Berg stehende **Dreifaltigkeitskirche** in *Zscheila*. Obgleich in späterer Zeit oft verändert, haben sich im östlichen Chorjoch noch gotische Wandmalereien aus dem 13. Jh. erhalten. Ausgedehnte **Weinberganlagen** und der **Boselgarten** laden zu einem Spaziergang durch das *Spaargebirge* südöstlich von Meißen ein. Von der 183 m hohen Boselspitze kann man bei gutem Wetter bis in die Lausitz und die Sächsische Schweiz schauen. Am linken Elbufer findet man in *Obermeisa* die 1471 erbaute turmlose **Wolfgangskirche.**
Weitere Sehenswürdigkeiten sind der **Götterfelsen**, eine Pechsteinklippe der **Garsebacher Schweiz** und die **Hohe Eifer**, eine bronzezeitliche Burganlage, über dem Triebischtal. Am gegenüberliegenden Hang sind die **Martinskirche** in Plossen (12. Jh.) und das **Schloß Scharfenstein** besuchenswert. Unterhalb des Schlosses wurde ein kleiner **Heimattierpark** angelegt.

An der Sächsischen Weinstraße bei Meißen

Spazier- und Wanderwege
1. *nach Zaschendorf (5,5 km; Markierung: blau)*
   Meißen (Bhf.) – Cölln (Leinpfad) – Niederspaar (Dresdner Straße) – Alte Spaargasse – Rodelandweg – Lückenhübelstraße – Rautenbergweg – Karlshöhe (Juchhöh) – Oberspaar – Boselweg – Boselspitze – Boselgarten – Sörnewitz – Zaschendorf.
2. *nach Diesbar-Seußlitz (10 km; Markierung: rot)*
   Meißen (Bhf.) – Bahnhofstraße – Dammweg – Elbtalstraße – Katzenstufen – Proschwitz – Winkwitz – Rottewitz – Diera – Leichenweg – Golkwald – Sandweg – Löbsal – Burgberg – Diesbar – Elbstraße – Seußlitz (Fähre).

NIEDERAU   D 2-3

Dorf, Kreis Meißen-Dresden, Bezirk Dresden, PLZ: 01689, Höhe: 135 m, 2000 Einwohner. **Auskunft:** Gemeindeamt. **Bahnstation:** im Ort, Richtung Dresden S-Bahn-Tarif. **Busverbindungen** nach Weinböhla, Meißen, Neusörnewitz und Großenhain.

Das in der Elbaue gelegene Straßenangerdorf Niederau wurde 1274 erstmals als *Owe* genannt. Spätere Bezeichnungen wie *Nyirowe* (1368) und *Nieder Awe* (1465) deuten auf eine Trennung von Oberau hin. Mit dem Bau der Bahnlinie kamen einige Industriebetriebe in den Ort, was besonders in der Zwischenkriegszeit zu einem schnellen Wachstum des Dorfes führte.

Sehenswertes im Ort und in der Umgebung
Der Niederauer **Bahnhof** ist das älteste, noch in Betrieb befindliche Stationsgebäude Deutschlands. Er wurde 1841/42 erbaut. Seinerzeit bot man den Bahnreisenden hier ein besonderes Service. Die mit Fahrgästen nach Niederau besetzten Wagen wurden vom Zug abgekoppelt, auf einer Drehscheibe gedreht und in das Bahnhofsgebäude hineingeschoben. Am südlichen Dorfende steht die aus der zweiten Hälfte des 19. Jh. stammende **Windmühle**. Den ehemaligen **Gasthof „Deutsches Haus"** am Ortsausgang Richtung Meißen ziert ein turmartiger Erker. Einige der alten **Bauerngüter** in der Kirchstraße besitzen noch alte Bauformen mit Fachwerk im Obergeschoß. Die jetzige, dem heiligen Jakob geweihte **Dorfkirche** wurde anstelle des baufälligen Vorgängerbaues aus dem 15. Jh. in den Jahren 1878 – 79 erbaut. An der Kirchhofmauer davor steht noch ein altes **Steinkreuz**. Im unmittelbar danebenliegenden **Pfarrhaus** verbrachte der Philosoph Johann Gottlieb Fichte einige Jugendjahre. Zwei Linden im Pfarrhof soll er gepflanzt haben.

Spazier- und Wanderwege
1. *nach Radebeul-Kötzschenbroda (15 km; Markierung: grüner Punkt)*
   Niederau (Bhf.) – Oberau – Pfarrwald – Buschmühle – Wüste Mark Droschkewitz – O-Weg – Neuer Anbau – X-Weg – Forsthaus Kreyern – S-Weg – Coswiger Mittelweg – Lindenau – Kötzschenbroda – Bhf. Radebeul-West.
2. *durch die Obere Au (6 km; Markierung: grüner Diagonalstrich)*
   Niederau (Bhf.) – Oberau – Meißen-Großenhainer-Landstraße – Tunneldenkmal – Tunnelhäuser – Am Gohlisberg – Pfarrwald – Buschmühle – Gellertberg – Niederau (Bhf.).

NOSSEN — A 6

Stadtgemeinde, Kreis Meißen-Dresden, Bezirk Dresden, PLZ: 01683, Höhe: 222 m, 7000 Einwohner. **Auskunft:** Stadtverwaltung. **Bahnstation:** im Ort. **Busverkehr** nach Meißen.

Obwohl der Volksmund den Namen Nossen von der Nuß ableitet (auch im Stadtwappen gab es früher drei Nußbäume), geht er wohl eher auf das slawische Wort *nosu* = Nase, Spitze zurück und bedeutet soviel wie Nasenberg, d. h. eine Ansiedlung an einer Bergnase. Tatsächlich gab es bereits im 8. Jh. unterhalb des spornartig ins Muldental vorspringenden Schloßfelsens eine slawische Ansiedlung. Mit der Gründung des Klosters Zella westlich der Stadt wird Nossen Ausgangspunkt für die großen mittelalterlichen Rodungen im sog. *Miriquidi* (= Dunkelwald), der das heutige Erzgebirge bedeckte. Nach der Auflösung des Klosters im 16. Jh. geht die Stadt in kurfürstlichen Besitz über und wird fortan von einem Beamten verwaltet. Der Bau mehrerer Bahnlinien, in deren Schnittpunkt sich Nossen befindet, führen am Ende des 19. Jh. zu einem steten wirtschaftlichen Aufschwung.

Sehenswertes im Ort und in der Umgebung
Empfehlenswert ist zunächst der Weg vom Bahnhof durch die Hospitalstraße über den zu einem Park umgestalteten **Alten Friedhof** zur **Waldheimer Straße**, der man dann nach links ins Stadtzentrum folgt. Die Waldheimer Straße ist eine der ältesten Straßen der Stadt. Jahrhundertelang verlief hier der Verkehr in Richtung Leipzig. Daran erinnert noch das ehemalige **Gasthaus „Zum Roß"** (Nr. 16), eine alte Ausspanne, mit einem Roß und der Jahreszahl 1830 im Schlußstein über der Eingangstür. Kurz darauf sind zwei bemerkenswerte Wohnhäuser im Jugendstil aus der Zeit um 1905 (Nr. 6 und 9) zu bewundern, dann sieht man auf dem **Marktplatz**. Noch heute ist deutlich zu erkennen, daß er aus dem ehemaligen Dorfanger entstanden ist. Am unteren Ende stehen die Kirche und der aus einem Klostervorwerk hervorgegangene Gasthof **Deutsches Haus**, in der oberen Hälfte Ackerbürger- und Handwerkerhäuser, Brau- und Malzhaus, Poststation sowie das **Rathaus** von 1914. Da der Ort im Verlaufe seiner Geschichte immer wieder von Stadtbränden heimgesucht wurde, ist keines der Häuser älter als 200 Jahre. Der goldene Reiter mit der Jahreszahl 1721 am Gasthof sowie zwei Schlußsteine am gegenüberliegenden Gebäude erinnern noch an den Wiederaufbau nach dem verheerenden Feuer von 1719. Durch die Freiberger Straße nach Südosten wandernd, kommt man schließlich zum auf einem kleinen Hügel gelegenen **Friedhof** mit Friedhofskapelle. Von hier oben bietet sich ein schöner Blick über die Stadt auf die jenseitigen Muldenhänge. Anschließend lohnt ein Besuch der mit einem freundlichen Birkenwäldchen gekrönten Nachbarhöhe, des **Steinbusches.** Unterhalb des Gipfels wurde in einem alten Serizitsteinbruch eine **Freilichtbühne** geschaffen. Über die Steinbuschstraße und durch den Ortsteil **Augustusberg** steigen wir dann hinauf zum **Rodigt**. Hier oben befindet sich ein eindrucksvoller slawischer, vielleicht sogar noch älterer frühdeutscher **Ringwall**. Der eiserne **Aussichtsturm** in seiner Mitte ist z. Zt. leider gesperrt. Auch beim Abstieg zur **Pöppelmannbrücke** (1715) hat man noch einmal einen schönen Blick auf das Schloß und die Mulde. Am anderen Ufer befindet sich der Komplex des 1856 von Freiberg nach Nossen verleg-

ten **Lehererseminars**. Dahinter beginnt der Anstieg zur **Dürreberg**. Von der **Rentnerbank** hat man eine schöne Aussicht über das Eulabachgebiet. Nur wenige hundert Meter weiter bietet sich von der **Seminar-Bastei** beim Krieger-Denkmal ein reizvoller Blick auf das Tal der Freiberger Mulde. Der Spazierweg an der oberen Hangkante endet schließlich bei der **Ruine des Huthauses Fröhlicher Sonnenblick** unterhalb der **Autobahnbrücke Siebenlehn.** Von hier führt ein breiter Fahrweg, vorbei an einem eindrucksvollen **Quarzporphyrsteinbruch** im Tal zurück in die Stadt.

Auch die **Stadtkirche** wurde mehrfach durch Feuer zerstört. 1563 – 65 mußte sie deshalb völlig neu aufgebaut werden. Dabei wurden viele Baumaterialen aus dem aufgelassenen Kloster Altzella verwendet, u. a. stammen auch das Süd- und das Westportal von dort. Sie schmückten einst das Sommerrefektorium und das Gasthaus des Klosters und stammen aus der Übergangszeit von der Romanik zur Gotik. Das Innere der Kirche wurde 1933 – 34 neu gestaltet. Zwischen Kirche und Schloß erhebt sich ein weiteres **Kriegerdenkmal.** Eine Steinbrücke führt dann in den Schloßhof. Die Burg Nossen ist wahrscheinlich schon im 10. Jh. zum Schutze des wichtigen Muldenüberganges auf einem Felsen am linken Ufer errichtet worden. Später kam die Anlage in den Besitz des Bischofs von Meißen, der sie im 14. Jh. zum **Schloß** umbauen ließ. Weitere Veränderungen folgten im 16. und 17. Jh. In der Folgezeit diente das Schloß den Kurfürsten bei Jagdaufenthalten als Unterkunft, später auch als Amtsgericht und teilweise sogar als Gefängnis. Besonders bemerkenswert sind das Renaissanceportal im Hof und der von einem achtteiligen Sterngewölbe abgeschlossene Wendelstein. In den Räumen rechts der Torhalle ist das **Heimatmuseum** untergebracht. Durch die **Schützenstraße** gelangt man anschließend hinunter ins Muldental und über einen kleinen Steg hinüber zur **Mittelmühle**. Von dort führt der Weg hinauf zum **Bergschlößchen** und weiter zum **Kirschberg**. Beidemale hat man lohnende Blicke auf das am Berghang liegende Städtchen und das Muldental. Von der **Muldenbrücke** folgt man dann der Döbelner Straße bergan Richtung Rhäsa und biegt auf halber Höhe links ab. Zwischen den Kleingartenanlagen führt ein Karrenweg hinauf auf den **Dechantsberg** (260 m), der eine Erdaufschüttung, die als Reste eines frühdeutschen Wachtturmes gedeutet wird, trägt. Auf der Höhe bleibend, spaziert man am Waldrand oberhalb eines großen Diabasbruches weiter und steigt dann entlang zweier paralleler Gräben wieder in das Muldental ab. Über eine kleine Brücke erreicht man nun die am anderen Ufer in der fruchtbaren Muldenaue gelegene **Klosterruine Altzella**. Von dem 1162 gegründeten und seit der Reformation von den Mönchen verlassenen Kloster sind nur noch wenige Reste vorhanden. Besonders beachtenswert ist das romanische Portal an der Westseite der Klostermauer. Den Eisenbahngleisen nach rechts folgend, gelangt man wieder zum Bahnhof.

Spazier- und Wanderwege
1. nach Ziegenhain (14 km; Markierung: gelb)
Nossen (Bhf.) – Ladestraße – Eisenbahnunterführung – Schützenstraße – Muldensteg – Mittelmühle – Grunaer Weg – Mühlweg – Gruna – Autobahnunterführung – Lehdenteich – Ilkendorf – Radewitz – Radewitzer Höhe – Raußlitz – Hain – Pinnewitz – Ziegenhain (Bhf.).
2. Bergbaulehrpfad (6 km; Markierung: grüner Diagonalstrich)
Nossen-Haltepunkt – Muldentalweg – Ronow-Erbstolln – gewesenes Huthaus – Autobahnbrücke Siebenlehn – Bastei – Dürreberg – Nossen-Haltepunkt.

REINSBERG   B 7

Dorf, Kreis Freiberg/Sachsen, Bezirk Chemnitz, PLZ: 09629, Höhe: 282 m, 700 Einwohner. **Auskunft:** Fremdenverkehrsamt. **Busverbindungen** nach Freiberg, Hirschfeld und Krummenhennersdorf.

Sehenswertes im Ort und in der Umgebung

Aus dem Ortsteil *Niederreinsberg* führt eine Straße durch die Siedlung hinauf nach *Oberreinsberg*. Dort stehen die **Dorfkirche** von 1768 – 73 und dahinter das heute als Hotel genutzte **Schloß** aus dem Jahre 1197. Vorbei am **Freibad** gelangt man dann ins überaus reizvolle Bobritzschtal zur **Grabentour**. Dieser überaus beliebte Wanderweg erhielt seinen Namen von jenem Graben, der am rechten Hang das Aufschlagwasser zum Bau des Rothschönberger Stollens heranführte. Während der über 30jährigen Bauzeit zwischen 1844 und 1877 herrschte hier im Tal, besonders rund um die Lichtlöcher, von denen aus der Stollen vorgetrieben wurde, reges Treiben. Heute findet man entlang des 3557 m langen Kunstgrabens nur noch wenige Zeugnisse bergbaulicher Tätigkeit. Dazu gehören u. a. die Röschen (unterirdisch verlaufende Grabenabschnitte), die Lichtlöcher des Rothschönberger Stollens und der Porzellanfelsstolln unweit der gleichnamigen Rösche. Ein botanisches Kuriosum ist die zwischen der Porzallanfels- und der Felsenbachrösche stehende **Zitzenfichte**. Am ehemaligen Bahnhof Oberreinsberg haben sich die Halde und das **Huthaus** des vierten Lichtloches des hier 84 m tief liegenden Rothschönberger Stollens erhalten.

Spazier- und Wanderwege
1. nach Halsbrücke (9 km; Markierung: blau)
   Bhf. Niederreinsberg – Talstraße – Siedlung – Gst. "Zum Städtchen" – Dorfkirche – Schloß – Freibad – Zeltplatz – Grabentour – Reinsberger Rösche – Buchenbornrösche –

Am Triebisch-Quellarm bei Grillenburg

Rösche Nr. 3 am 5. Lichtloch – Porzellanfelsrösche – Krummenhennersdorfer Mühle – Krummenhennersdorf – Landschaftspark – Schule – Erbgericht – Gst. Bobritzschtal – Sandweg – Halsbrücker Esse – Huthaus 8. Lichtloch – Bhf. Halsbrücke.

2. *nach Obergruna-Bieberstein (2 km; Markierng: blau)*
Bhf. Niederreinsberg – Lindenallee – Zollbrücke – Zollhaus – Bhf. Obergruna-Bieberstein.

SIEBENLEHN A 7

Stadtgemeinde, Kreis Freiberg/Sachsen, Bezirk Dresden PLZ: 09634, Höhe: 315 m, 2400 Einwohner. **Auskunft:** Stadtverwaltung. **Busverbindungen** nach Freiberg/Sachs, Nossen und Mohorn.

Siebenlehn, am nördlichen Rand des Erzgebirges gelegen, verdankt seine Entstehung dem Silberbergbau. Es wurde um 1370 auf *sieben Lehen* (bergmännisches Flächenmaß) planmäßig angelegt. Wegen der nur geringen Erzausbeute konnte sich Siebenlehn nie mit den großen Bergstädten des Erzgebirges messen, sondern blieb bis heute eine bescheidene Kleinstadt.

Sehenswertes im Ort und in der Umgebung
Eine 403 m lange **Autobahnbrücke** überspannt in 72 m Höhe das Tal der Freiberger Mulde. Der Turm der **Stadtkirche** (1774 – 76) und der **Wasserturm** sind die beiden Wahrzeichen von Siebenlehn. Ein **Brunnendenkmal** der Schuhmacherzunft schmückt den **Marktplatz.**

Spazier- und Wanderwege
1. *nach Obergruna-Bieberstein (4 km; Markierung: blau)*
Siebenlehn – Beiermühle – Autobahnbrücke – Muldental – Papierfabrik – Zollbrücke – Zollhaus – Bhf. Obergruna-Bieberstein
2. *zum Zellwald (3 km; Markierung: grün)*
Siebenlehn – Forsthofweg – Zellwald

THARANDT D 8

Stadtgemeinde, Weißeritzkreis, Bezirk Dresden, PLZ: 01737, Höhe: 205 m, 3000 Einwohner. **Auskunft:** Fremdenverkehrsamt. **Bahnstation:** im Ort, hier halten nur Regionalzüge, Richtung Dresden S-Bahn-Tarif. **Busverbindungen** nach Wilsdruff, Fördergersdorf, Grillenburg und Freital.

Tharandt am Ostrand des Erzgebirges breitet sich wie ein dreizackiger Stern in den Tälern von Wilder Weißeritz und Schloizbach aus. Bis ins 18. Jh. hinein hieß die Stadt Granathen, dann übernahm sie den Namen der über ihr thronenden

Der Forstbotanische Garten lohnt den Besuch

Burg Tharandt. Deren Name soll sich vom mittelhochdeutschen *tarant* = Stachel, Skorpion, mittelalterliches Belagerungswerkzeug ableiten. Die Geschichte der Burg läßt sich bis zum Beginn des 13. Jh. zurückverfolgen. 200 Jahre später siedelten sich an ihrem Fuße Handwerker und Ackerbürger an und legten so den Grundstein für die heutige Forststadt.

Sehenswertes im Ort und in der Umgebung
Als Forststadt berühmt wurde Tharandt durch die 1816 hier gegründete **Forstakademie**, deren altes Akademiegebäude in der Pienner Straße zu sehen ist. An der dahinterliegenden Fabrik wurde eine Steinplatte mit zwei Wappen und der Bauinschrift der 1650 hier errichteten **Schloßmühle** eingelassen. Zahlreiche Villen aus dem 19. Jh. säumen den weiteren Weg ins **Badetal.** Hier findet man in der Nähe des **Schloßteiches**

die **Sidonienquelle**, deren klares, geruchloses Wasser beim Stehen Eisenschlamm absetzt, und das 1806 fertiggestellte **Neue Badehaus**. Tharandt konnte sich gegenüber den böhmischen und schlesischen Bädern als Kurort jedoch nicht behaupten. Hinter dem Schloßteich führt ein Pfad hinauf zum **Forstbotanischen Garten**. Vom südlich davon liegenden **Kienberg**, einer quarzarmen Quarzporphyrkuppe mit 40 m langem **Abschnittswall** hat man einen wunderbaren Blick nach Norden auf das Mittelsächsische Lößgebiet. Über die **Dreizehn Drehen** erreicht man anschließend das **Schloß**. Es wurde 1866 mit Laubengängen, einer auf schlanken Säulen stehenden Vorhalle, Brunnen, Terrassen und einem bizarren Turm im maurischen Stil erbaut. Die gegenüberliegende **Villa** (Nr. 19) mit dem gemalten Ornamentfries soll Semper gebaut haben. Nur wenige Schritte unterhalb stehen auf dem von der Wilden Weißeritz und dem Schloizbach umspülten Gneissporn die **Burgruine** und die **Kirche**, welche 1626 – 29 hier oben erbaut wurde. Ein steiler Pfad führt wieder hinunter ins Schloizbachtal. Auf der linken Seite der Dresdner Straße erinnert eine Gedenktafel an der **Schillerstube** an einen mehrwöchigen Aufenthalt des Dichters im Jahre 1787, der sich hierhier für seine Arbeit am *Don Carlos* zurückgezogen hatte. In dem kleinen Stadtpark steht eine **Postdistanzsäule** von 1730, bei der Bushaltestelle am Markt ein **Erblehngerichtskreuz**. An der Roßmäßlerstraße oberhalb des Marktes findet man noch den stattlichen, 1833 erbauten **Posthof**. Die 1905 am westlichen Hang errichtete **Schule** mit Schiefergiebel, -dach und -verkleidung steht auf dem **Alten Friedhof**. Einige der alten, wertvollen Grabsteine sind an der Hofmauer erhalten geblieben. Im **Oberen Schloizbachtal** stehen spätklassizistische Wohnhäuser aus dem 19. Jh. Wer weiter spaziert, erreicht schließlich die **Klippermühle**. Ein Seitengebäude zeigt einen fliegenden Engel, der ein Blatt mit der Bauinschrift aus dem 17. Jh. trägt. Oben auf der **Weißiger Höhe** wurde zwischen 1952 und 1955 das **Institut für Forstökonomie** gebaut. Seinen talseitigen Giebel ziert das Sgraffito einer Hirschfamilie.

Umgebung: Westlich schließt sich das 60 km^2 große Waldgebiet des **Tharandter Waldes** an die Stadt an. Mit seinem vielfältigen Baumbestand, den lieblichen Tälern, vielen geologischen Aufschlüssen und geschichtsträchtigen Plätzen gehört er zu den schönsten Wäldern Sachsens. Im **Breiter Grund** wurde 1846 ein **Meilerplatz** als Lehrobjekt für Forststudenten angelegt. Das Zünden des Meilers wird alljährlich zu Pfingsten von einem großen Volksfest begleitet. In **Grillenburg** findet sich das gleichnamige Jagdhaus, uprünglich Teil einer von

August dem Starken errichteten Jagdanlage, 1855 im Biedermeierstil zum Jagdschoß der sächsischen Könige umgebaut.

Spazier- und Wanderwege

1. nach Herzogswalde (13 km; Markierung: roter Punkt)
Tharandt (Bhf.) – Dresdner Straße – Markt – Kirche – Burgruine – H.-Cotta-Straße –Buchenweg – Hintergersdorf – Kurort Hartha – Spechtshausen – Mühlweg – Landberg – Schmiedersgrabenweg – Porphyrfächer – Triebischtal – Mohorn – Tännichtmühle – Herzogswalde (EHst.).

2. rund um Tharandt (8 km; Markierung: grüner Diagonalstrich)
Tharandt (Bhf.) – Dresdner Straße – Markt – Pienner Straße – Schloßteich – Badetal – Breiter Grund – Meilerplatz (Köhlerhütte) – Erschlagene Frau – Mauerhammer – Kienberg – 13 Drehen – Forstbotanischer Garten – Schloß – Burgruine – Kirche – Markt – Bahnhof.

Im Herzen des Tharandter Waldes: Jagdschloß Grillenburg

WEINBÖHLA

Dorf, Kreis Meißen-Dresden, Bezirk Dresden, PLZ: 01689, Höhe: 140 m, 8000 Einwohner. **Auskunft:** Fremdenverkehrsamt. **Bahnstation:** im Ort, hier halten nur Regionalzüge, Richtung Dresden S-Bahn-Tarif. **Straßenbahn:** nach Dresden über Coswig/Bez. Dresden und Radebeul. **Busverbindungen** nach Meißen, Niederau, Neusörnewitz und Großenhain.

Der Name der überwiegend locker bebauten Gartensiedlung Weinböhla weißt auf sorbische Ursprünge hin *(Bel, Bela =*

Weißbach). 1538 fügte man zur Unterscheidung von den anderen Böhla-Dörfern die Vorsilbe Wein- hinzu. Bis zum Ende des 19. Jh. war der Weinbau neben der Kalkbrennerei bestimmend für den Ort. Nach seinem Niedergang wurden Obst und Spargel als Ersatzkulturen angebaut.

Sehenswertes im Ort und in der Umgebung

Das **Rathaus** (1927) liegt am südlichen Rand des alten Dorfes, welches in seinem Grundriß die Form eines Rundlinges, der später aufgelockert und zu einem Platzdorf erweitert wurde, zeigt. Durch das bescheidene Zentrum geht es dann durch die Haupt-, Melzer-, Luther-, Humboldt- und Poststraße zur **Post** aus dem Jahre 1938. Eine Darstellung am Gebäude erinnert an den seit dem 12. Jh. hier betriebenen Weinbau. Vom Sachsenplatz über die Nordstraße und die Gasse Am Börnchengrund kommt man zum **Park Burggrafenhain.** Er wurde um die Jahrhundertwende angelegt, als sich die Gemeinde anschickte, Luftkurort zu werden. Viele schöne Aussichtsplätze wurden angelegt, von denen die oberhalb des Weinberges stehende **Ruine des Wartturmes** nur einer ist. Nach Norden kann man nun über den Badeweg den Spaziergang durch die **Burggrafenheide** zum Ortsteil *Neuer Anbau* fortsetzen. Am östlich gelegenen **Lindenberg** befinden sich etwa 500 **Hügelgräber.** Der X- und der F-Weg führen anschließend nach Süden, vorbei an der alten **Jungfernbrücke**, zur **Wolfssäule.** Die lebensgroße Plastik eines Wolfes wurde 1618 geschaffen und 1672 erneuert.

Im Ortsteil *Lauben* erhebt sich oberhalb der ehemaligen Kalksteinbrüche auf einer Syenitterrasse das **Schloß Lauben.** Das Hauptgebäude stammt aus dem 17. Jh., der Dachreiter wurde um die Jahrhundertwende aufgesetzt. Über die Bäckersche Hofstraße erreicht man dann das **Laubenschlößchen** an der Moritzburger Straße. Dahinter führt ein Weg zum 1903 errichteten **Friedensturm (Hoher Turm, Bismarckwarte).** An seinem Fuße wurde dem Erfinder des Fahrrades, Freiherr von Preis-Sauerbronn, ein Denkmal gesetzt. Von hier aus sieht man auch die ebenfalls von einem Aussichtsturm bekrönte **Schweizerhöhe.** Wir gehen zurück zum Laubenschlößchen und die Laubenstraße hinunter zu den **Kalkbrüchen.** Das kleine **Winzerhaus** (Nr. 12), in dem Wohnung, Scheune und Stall unter einem Dach vereinigt sind, ist ein typischer Vertreter des alten Weinböhla. Rund 100 Jahre lang wurde ab 1793 in den Steinbrüchen am Stadion der während der Kreidezeit aus Muscheln-, Schnecken- und Korallschalen entstandene Kalkstein abgebaut und in eigens dafür errichteten Öfen gebrannt. Alte Weinbergstraße und Wettinstraße bringen uns nun wieder

Östlich von Weinböhla beginnt das Moritzburger Teichgebiet ▶

zurück ins Ortszentrum. Am **Kirchplatz** haben sich noch einige alte Bauerngüter, meist Zwei- und Dreiseithöfe, z. T. noch mit Fachwerk, erhalten. In einem der schönsten von ihnen, dem **Peterskeller** von 1794, befindet sich das **Heimatmuseum**. Die alte, durch Blitzschlag beschädigte **St. Martins-Kirche** aus dem 14. Jh. wurde 1892 durch einen Neubau im neugotischen Stil ersetzt. Bei der Ausgestaltung des sehenswerten Inneren hat man die Symbole von Weinrebe und Ähre auf vielfältige Weise verarbeitet. Dem Gotteshaus gegenüber findet man das monumentale Gebäude des 1899 – 1900 im Jugendstil errichteten **Central-Gasthofes**. Rund einen Kilometer südlich von hier steht an der Köhlerstraße ein aus einem ehemaligen **Kalkofen** umgebautes Wohnhaus. Die schrägen Mauerschäfte lassen seine frühere Verwendung noch gut erkennen. Mit der Straßenbahn kann man von dort wieder zum Ausgangspunkt zurückfahren.

Spazier- und Wanderwege
1. *nach Moritzburg (12 km; Markierung: grün)*
   Weinböhla (Strab.) – Rathausstraße – Hauptstraße – Bahnhofstraße – Sachsenstraße – Sachsenplatz – Nordstraße – D-Weg – Neuteich – Mistschänke – Alte Poststraße – LW-Weg – Heidehof – Sternweg – Altenteiche – W-Weg – X-Weg – Moritzburg – Schloß – Bahnhof.
2. *nach Moritzburg (7 km; Markierung: blau)*
   Weinböhla-Köhlerstraße (Strab.) – Laubenhöhe – Auenweg – Lobetanzwiese – Forsthaus Kreyern – Kapellenteich – Auer – Steinerner Weg – Hohburg – X-Weg – Schloß Moritzburg – Moritzburg (Bhf.).

WILSDRUFF   D 6

Stadtgemeinde, Kreis Meißen-Dresden, Bezirk Dresden, PLZ: 01723, Höhe: 300 m, 4000 Einwohner. **Auskunft:** Stadtverwaltung. **Bahnstationen:** (Busersatzverkehr). **Busverbindungen** nach Cossebaude und Tharandt.

Wilsdruff liegt am Südostrand des Nossen-Wilsdruffer-Schiefergebirges, welches hier den Untergrund des Mittelsächsischen Hügellandes bildet. 1259 wurde der Ort erstmals als *Wilandestorf* in einer Urkunde genannt. Im Laufe der Zeit entwickelt sich die Siedlung zu einem Handwerkerstädtchen, Kriege und Brände zerstörten es aber immer wieder.

Sehenswertes im Ort und in der Umgebung
Der **Bahnhof** von Wilsdruff war bis zu seiner Stillegung der zweitgrößte Schmalspurbahnhof Europas. Nur das alte Bahn-

hofsgebäude, der Lokschuppen und eine alte **Dampflok**, die als Denkmal aufgestellt wurde, erinnern noch daran. Hinter dem **Gasthaus „Zur Bimmelbahn"** führt ein schmaler Weg zur Hohen Straße, durch die man ins parkartig ausgestaltete **Tal der Wilden Sau** gelangt. Der den Grund überspannende **Eisenbahnviadukt** blieb ebenfalls erhalten. Durch die Freiberger Straße kommt man dann zum **Markt**. Hier stehen das **Alte Rathaus** von 1756 und die **Löwenapotheke**. Nördlich davon findet man am Kirchplatz die **Nicolaikirche** von 1896 und daneben die neuere katholische Kirche. Über die Dresdner Straße

Die hübsche Kirche von Kesselsdorf bei Wilsdruff

gelangt man anschließend zur aus dem 12. Jh. stammenden **Jacobikirche**. Interessant ist ihre Außenkanzel. Nach der Restaurierung soll das Gotteshaus einmal das Stadtmuseum aufnehmen.

Spazier- und Wanderweg

1. nach Meißen (17 km; Markierung: gelb)

Wilsdruff (Bhf.) – Markt – Hofemühle – Autobahnunterführung – Reger-Mühle – Klipphausen – Zimmermanns-(Lehmanns-)-Mühle – Saubachtal – Schloß-Mühle – Ruine Walk-Mühle – Kirchsteig – Röhrsdorf – Naustadt – Scharfenberg – Kirchweg – Reichenbach – Bockwen – Meißen (Bhf.).

*Lädt zu herrlichen Wanderungen ein –
die Obstbaulandschaft bei Obermuschütz*

Fremdenverkehrsämter und Informationsquellen

Coswig: Stadtverwaltung/Börse,
PLZ 01640, Hauptstraße 17 – 20, Tel. 03 51/7 98 41

Diesbar-Seußlitz: Fremdenverkehrsamt,
PLZ 01612, Elbestraße 15, Tel. 03 52 67/2 25

Freiberg/Sachsen: Freiberg-Information,
PLZ 09599, Burgstraße 1,
Tel. 0 37 31/2 36 02, Fax 0 37 31/37 31 30

Klingenberg-Colmnitz: Gemeindeamt,
PLZ 01738, Hauptstraße 17, Tel. 03 52 02/20 26

Meißen: Regionaler Fremdenverkehrsverband
Sächsisches Elbland (LRA), PLZ 01662, Loosestraße 17 – 19,
Tel. 0 35 21/72 52 71;
Kultur- und Tourismusamt,
PLZ 01662, An der Frauenkirche 3, Tel. 0 35 21/45 44 70

Nossen: Stadtverwaltung,
PLZ 01683, Markt 31, Tel. 03 52 42/77 81 oder 81 87

Fremdenverkehrsamt, PLZ 01683, Waldheimer Straße

Reinsberg: Fremdenverkehrsamt, PLZ 09629, Hauptstraße 4,
Tel. 03 73 24/74 30, Fax 03 73 24/74 30

Siebenlehn: Stadtverwaltung,
PLZ 09634, Freiberger Straße 15, Tel. 03 52 42/88 91

Tharandt: Fremdenverkehrsverband Sächsischer Forst –
Tharandter Wald, PLZ 01737, Schillerstraße 3,
Tel. 03 52 03/27 33, Fax 03 52 03/27 33

Weinböhla: Fremdenverkehrsamt,
PLZ 01689, Rathausplatz 2, Tel. 03 52 43/3 22 41

Wilsdruff: Stadtverwaltung,
PLZ 01723, Nossener Straße 20, Tel. 03 52 04/46 30

Überregionale Informationsstellen

Landesfremdenverkehrsverband Sachsen, 01067 Dresden,
Maternistraße 17, Tel. 03 51/4 84 55 60

Ferienstraße Silberstraße, 08301 Schlema,
Bergstraße 22, Tel. 0 37 71/2 95 37, Fax 0 37 71/2 95 53

Anschlußkarten zur KOMPASS-Wanderkarte
K1035 Meißen – Tharandter Wald

K 1018 Spreewald

K 1025 Westliches Erzgebirge

K 1026 Mittleres Erzgebirge

K 1027 Osterzgebirge

K 1028 Sächsische Schweiz

K 1034 Dresden – Moritzburg

Das große KOMPASS-Programm mit dem Gesamtverzeichnis der über 280 KOMPASS-Wanderkarten erhalten Sie bei Ihrem Buchhändler oder beim Verlag Heinz Fleischmann GmbH & Co., D-82319 Starnberg, beim Verlag Fleischmann & Mair GmbH, A-6063 Rum/Innsbruck oder beim Verlag KOMPASS-Fleischmann Srl, I-38014 Gardolo/TN.